Impressum
Verlag: BABADADA GmbH, Nedderfeld 112 , 22529 Hamburg
Geschäftsführer / Verlagsleitung: Harald Hof
Druck: Books on Demand GmbH, In de Tarpen 42, 22848 Norderstedt

Imprint
Publisher: BABADADA GmbH, Nedderfeld 112 , 22529 Hamburg, Germany
Managing Director / Publishing direction: Harald Hof
Print: Books on Demand GmbH, In de Tarpen 42, 22848 Norderstedt

學校
escuela

教室
salón de clases

除
dividir

186/2

黑板
pizarrón

校園
patio

老師
maestro

紙
pap

書寫
escribir

筆
bolígrafo

辦公桌
escritorio

直尺
regla

書
libro

學生
alumno

書包

mochila

鉛筆盒

caja de lápices

鉛筆

lápiz

削鉛筆機

sacapuntas

橡皮擦

goma de borrar

畫板

bloc de dibujo

圖畫
dibujo

畫筆
pincel

顏料盒
caja de lápices de color

剪刀
tijeras

膠水
pegamento

練習冊
libro de ejercicios

家庭作業
tarea

12

數字
número

2+2

加
sumar

5-2

減
restar

2×2

乘
multiplicar

計算
calcular

A

字母
letra

ABCDEFG
HIJKLMN
OPQRSTU
VWXYZ

字母表
alfabeto

hello

字
palabra

課文

texto

讀

leer

粉筆

tiza

上課

lección

登記

cuaderno de clase

考試

examen

證書

certificado

校服

uniforme

教育

educación

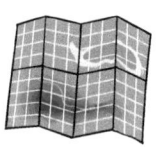

百科全書

enciclopedia

大學

universidad

顯微鏡

microscopio

地圖

mapa

廢紙簍

bote de basura

旅行
viaje

Grand
飯店
hotel
青年旅社
hostel
ROOMS
外幣兌換處
casa de cambio
手提箱
maleta
汽車
carro

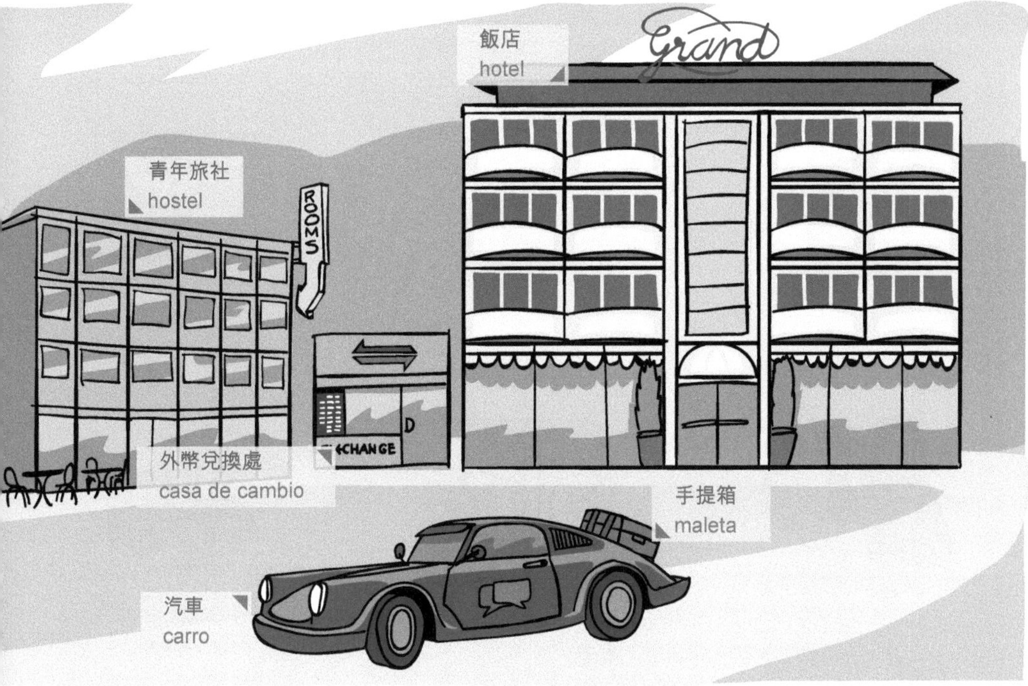

語言

idioma

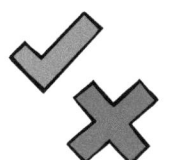

是/否

sí / no

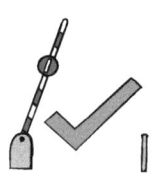

好的

Órale

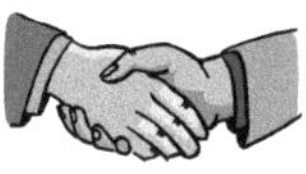

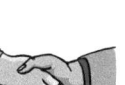

您好

hola

翻譯人員

traductor

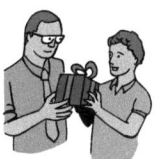

謝謝

Gracias

......多少錢？

¿cuánto cuesta...?

我不明白

No entiendo

問題

problema

晚上好！

¡Buenas tardes!

早上好！

¡Buenos días!

晚安！

¡Buenas noches!

再見

adiós

方向

dirección

行李

equipaje

包

bolsa

背包

mochila

客人

invitado

房間

recámara

睡袋

bolsa de dormir

帳篷

tienda de campaña

旅行資訊

información turística

海灘

playa

信用卡

tarjeta de crédito

早餐

desayuno

午餐

almuerzo

晚餐

cena

票

billete

電梯

ascensor

郵票

sello

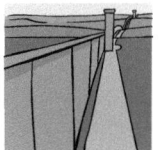

邊界

frontera

海關

aduana

大使館

embajada

簽證

visa

護照

pasaporte

transporte

飛機
avión

船
barco

消防車
camión de bomberos

公車
autobús

卡車
camión

汽艇
lancha a motor

腳踏車
bicicleta

汽車
carro

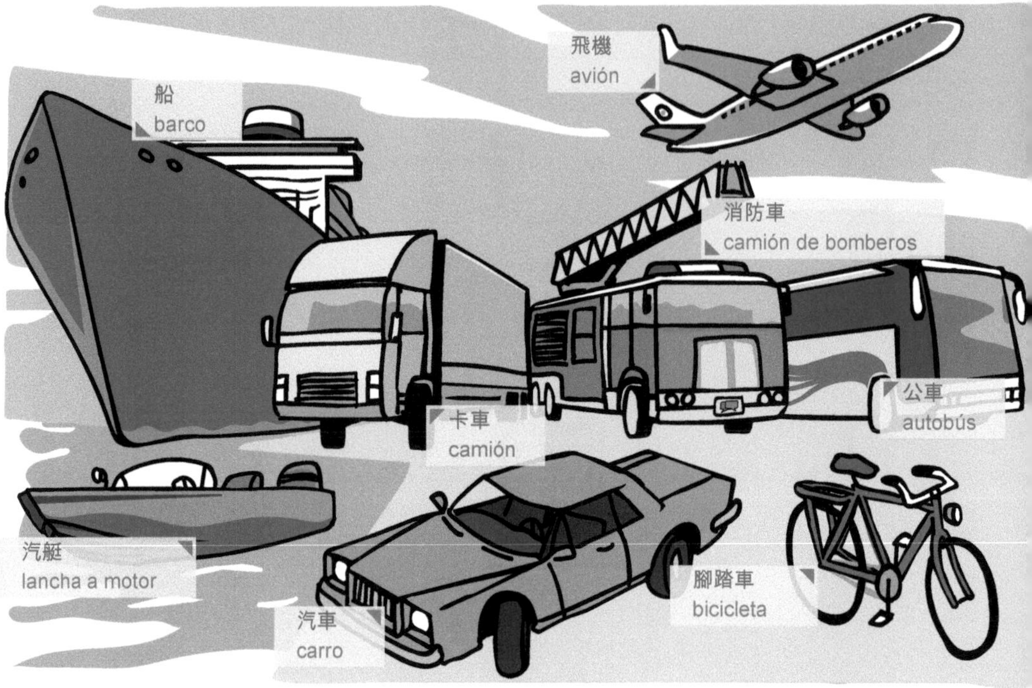

渡輪

ferry

小船

bote

機車

motocicleta

警車

patrulla

賽車

coche de carreras

租車

auto para rentar

拼車
renta de autos

拖車
grúa

垃圾車
camión recolector de
basura

馬達
motor

汽油
gasolina

加油站
gasolinera

交通標識
señal de tráfico

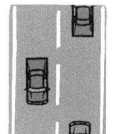

交通
tránsito

交通堵塞
embotellamiento

停車場
aparcamiento

火車站
estación de tren

軌道
vías

火車
tren

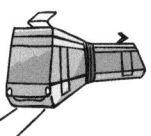

路面電車
tranvía

客車廂
vagón

直升機

helicóptero

機場

aeropuerto

塔

torre

乘客

pasajero

集裝箱

contenedor

紙板箱

caja de cartón

手推車

carretilla

籃子

cesta

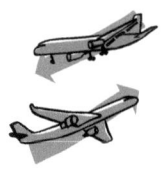

起飛/降落

despegar / aterrizar

城市

ciudad

村莊

pueblo

市中心

centro de ciudad

房子

casa

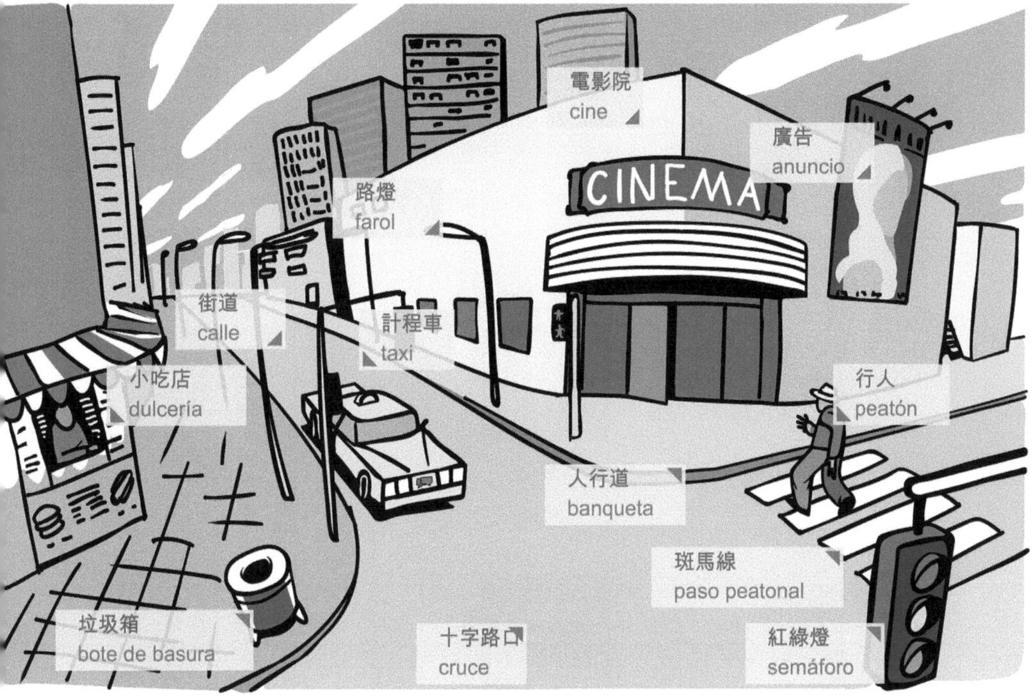

電影院
cine
CINEMA
廣告
anuncio
路燈
farol
街道
calle
計程車
taxi
小吃店
dulcería
行人
peatón
人行道
banqueta
斑馬線
paso peatonal
垃圾箱
bote de basura
十字路口
cruce
紅綠燈
semáforo

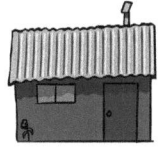

小屋

cabaña

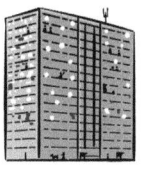

公寓

apartamento

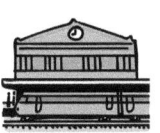

火車站

estación de tren

市政廳

ayuntamiento

MUSEUM

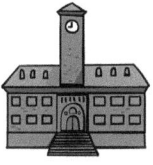

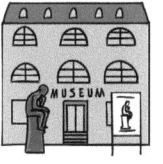

博物館

museo

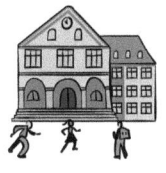

學校

escuela

大學
universidad

銀行
banco

醫院
hospital

飯店
hotel

藥房
farmacia

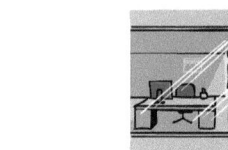

辦公室
oficina

書店
librería

商店
tienda

花店
florería

超市
supermercado

市場
mercado

百貨商店
grandes tiendas

魚店
pescadería

購物中心
centro comercial

海港
puerto

公園

parque

長凳

banco

橋

puente

樓梯

escaleras

捷運

metro

隧道

túnel

公車站

parada de autobús

酒吧

bar

餐館

restaurante

郵筒

buzón

路標

letrero

停車計時器

parquímetro

動物園

zoológico

游泳池

alberca

清真寺

mezquita

農場

granja

污染

contaminación

墓地

cementerio

教堂

iglesia

操場

área de niños

寺廟

templo

地形

paisaje

樹葉
hoja

指示牌
señal

路
camino

草地
pradera

石頭
piedra

樹
árbol

徒步旅行者
caminante

河
río

草
pasto

花
flor

峽谷

valle

丘陵

montaña

湖

lago

森林

bosque

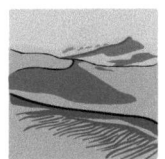

沙漠

desierto

火山

volcán

城堡

castillo

彩虹

arco iris

蘑菇

champiñón

棕櫚樹

palmera

蚊子

mosquito

蒼蠅

mosca

螞蟻

hormiga

蜜蜂

abeja

蜘蛛

araña

甲蟲

escarabajo

青蛙

rana

松鼠

ardilla

刺蝟

erizo

野兔

liebre

貓頭鷹

lechuza

鳥

pájaro

天鵝

cisne

野豬

jabalí

鹿

ciervo

麋鹿

alce

水壩

embalse

風力發電機

turbina eólica

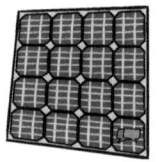

太陽能電池板

pansolar

氣候

clima

服務生
camarero

菜譜
menú

椅子
silla

披薩餅
pizza

湯
sopa

桌布
mantel

餐具
cubiertos

前菜

entrada

主菜

plato fuerte

甜點

postre

飲料

bebidas

食物

comida

瓶子

botella

速食

comida rápida

街邊小吃

comida de calle

茶壺

tetera

糖盒

azucarera

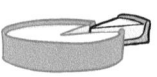

一份飯菜

porción

義式咖啡機

cafetera espresso

高腳椅

periquera

帳單

cuenta

托盤

charola

刀

cuchillo

餐叉

tenedor

勺子

cuchara

茶匙

cuchara de té

餐巾

servilleta

玻璃杯

vaso

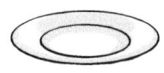

碟子
plato

湯盤
plato hondo

碟子
plato

醬
salsa

鹽瓶
salero

胡椒研磨罐
molino para pimienta

醋
vinagre

食用油
aceite

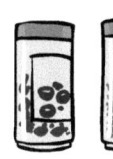

調味料
especias

番茄醬
kétchup

芥末
mostaza

美乃滋
mayonesa

超市
supermercado

特價
oferta especial
FOR
顧客
cliente
乳製品
productos lácteos
水果
fruta
購物車
carrito para compras

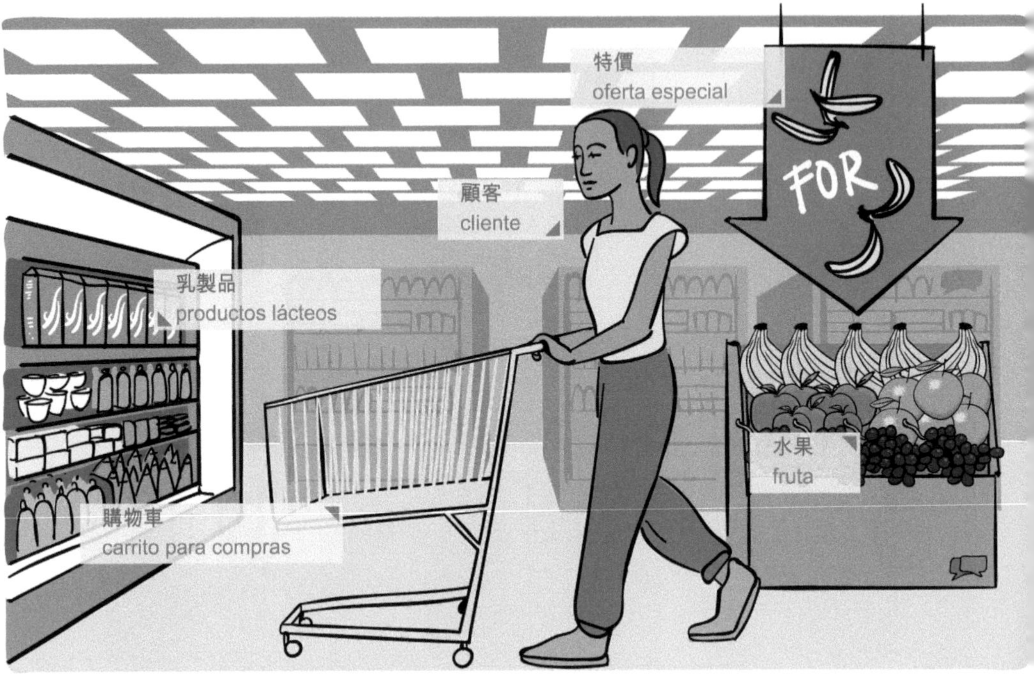

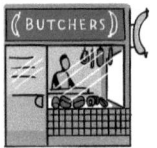

BUTCHERS

肉鋪

carnicería

BAKERY

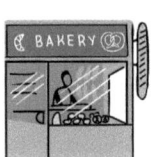

麵包店

panadería

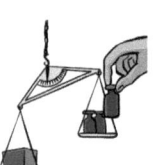

稱重

pesar

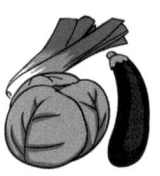

蔬菜

vegetales

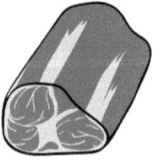

肉

carne

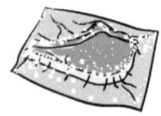

冷凍食品

alimentos congelados

冷盤

carnes frías

罐頭食品

alimentos enlatados

洗衣粉

detergente en polvo

甜食

dulces

日用品

electrodomésticos

清潔用品

productos de limpieza

銷售員

vendedora

收銀機

caja

收銀員

cajero

購物清單

lista de compras

開放時間

horario de atención al público

錢包

cartera

信用卡

tarjeta de crédito

袋子

bolsa

塑膠袋

bolsa de plástico

飲料
bebidas

水

agua

果汁

jugo

牛奶

leche

可樂

refresco de cola

紅酒

vino

啤酒

cerveza

酒

alcohol

可可

cacao

茶

té

咖啡

café

義式濃縮咖啡

espresso

卡布奇諾

cappuccino

香蕉

plátano

蘋果

manzana

柳丁

naranja

西瓜

melón

檸檬

limón

胡蘿蔔

zanahoria

大蒜

ajo

竹子

bambú

洋蔥

cebolla

蘑菇

champiñón

堅果

nueces

麵條

fideos

義大利麵

espaguetis

米飯

arroz

沙拉

ensalada

薯條

patatas fritas

炸馬鈴薯

patatas fritas

披薩餅

pizza

漢堡

hamburguesa

三明治

emparedado

炸豬排

filete

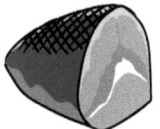

火腿

jamón

義大利臘腸

salami

香腸

salchicha

雞肉

pollo

烤肉

asado

魚

pescado

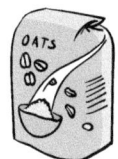

燕麥片

copos de avena

木斯里

muesli

玉米片

copos de maíz

麵粉

harina

牛角麵包

cuernito

麵包捲

bolillo

麵包

pan

吐司

tostada

餅乾

galletas

奶油

mantequilla

凝乳

cuajada

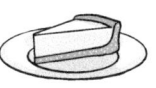

蛋糕

pastel

蛋

huevo

煎蛋

huevo frito

起司

queso

冰淇淋

helado

糖

azúcar

蜂蜜

miel

果醬

mermelada

巧克力醬

crema de chocolate

咖哩

curry

農場
granja

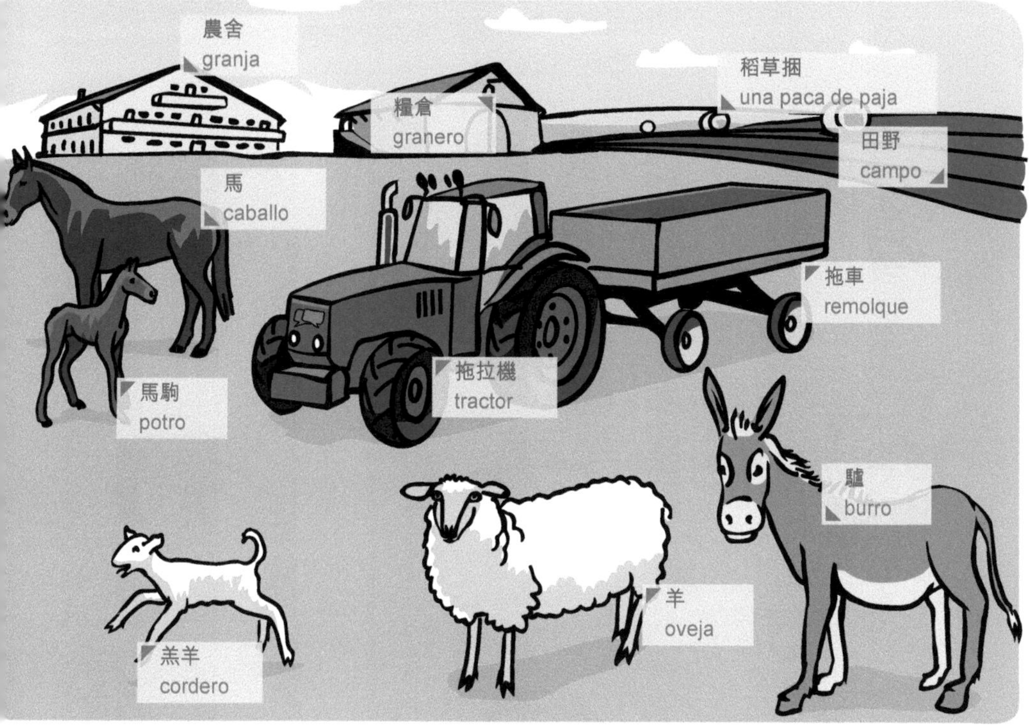
農舍
granja
稻草捆
una paca de paja
糧倉
granero
田野
campo
馬
caballo
拖車
remolque
拖拉機
tractor
馬駒
potro
驢
burro
羊
oveja
羔羊
cordero

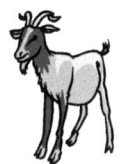

山羊
cabra

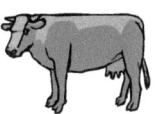

奶牛
vaca

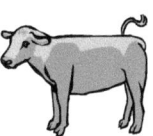

小牛
ternero

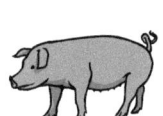

豬
cerdo

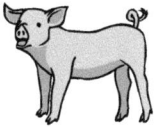

小豬
lechón

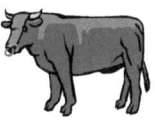

公牛
toro

鵝

ganso

鴨

pato

小雞

pollo

母雞

gallina

公雞

gallo

鼠

rata

貓

gato

老鼠

ratón

牛

buey

狗

perro

狗屋

casa dperro

花園澆水軟管

manguera

澆水壺

regadera

長柄大鐮刀

guadaña

犁

arado

鐮刀

hoz

鋤頭

azadón

長柄草耙

horquilla

斧頭

hacha

獨輪手推車

carretilla

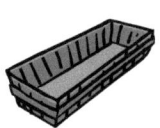

飼料槽

bebedero

牛奶罐

bote de leche

麻布袋

saco

柵欄

valla

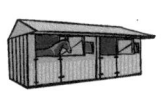

馬廄

establo

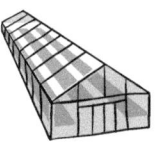

溫室

invernadero

土壤

suelo

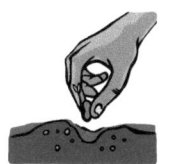

種子

semilla

肥料

fertilizador

聯合收割機

cosechadora

收割

cosechar

收割

cosecha

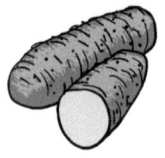

地瓜

camote

小麥

trigo

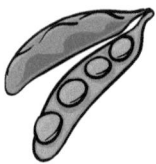

大豆

soja

土豆

patata

玉米

maíz

油菜籽

semilde colza

果樹

árbol frutal

樹薯

mandioca

穀物

cereales

房子
casa

煙囪
chimenea
屋頂
tejado
落水管
canalón
窗戶
ventana
車庫
garaje
門鈴
timbre
門
puerta
垃圾桶
bote de basura
信箱
buzón
花園
jardín

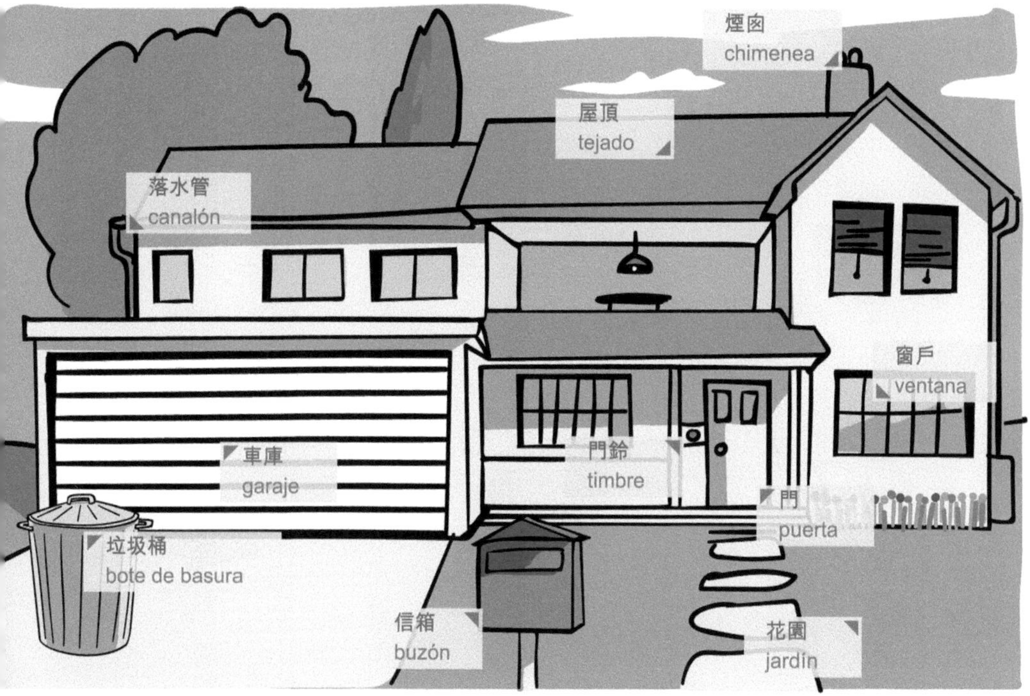

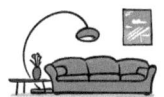

客廳

estancia

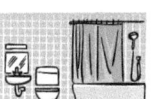

浴室

baño

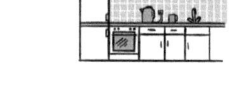

廚房

cocina

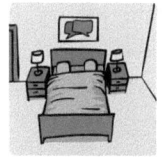

臥室

recámara

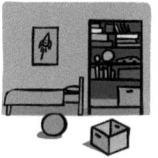

兒童房

recámara de los niños

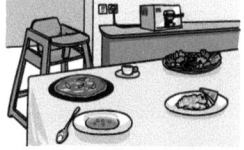

餐廳

comedor

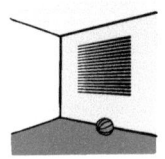

地板

suelo

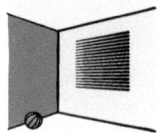

牆壁

pared

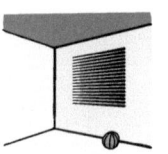

天花板

techo

地窖

sótano

三溫暖

sauna

陽臺

balcón

露臺

terraza

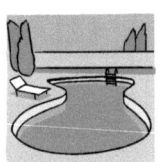

游泳池

alberca

割草機

cortacésped

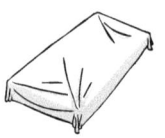

被單

sábana

床罩

colcha

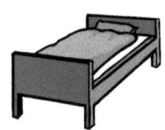

床

cama

掃帚

escoba

水桶

balde

開關

interruptor

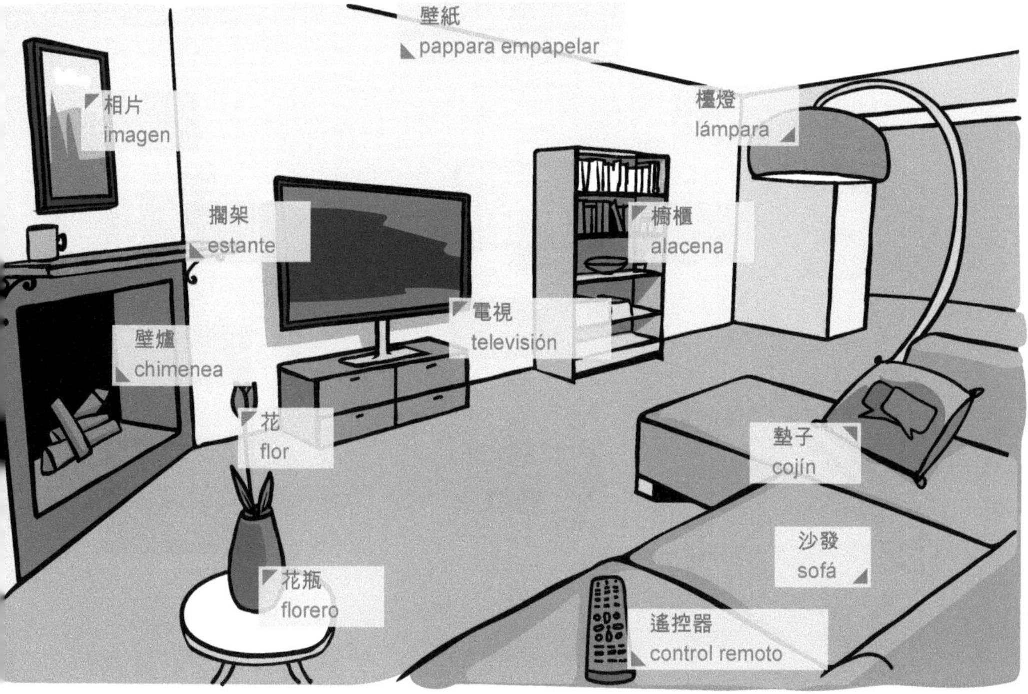

壁紙
pappara empapelar

相片
imagen

櫃燈
lámpara

擱架
estante

櫥櫃
alacena

壁爐
chimenea

電視
televisión

花
flor

墊子
cojín

沙發
sofá

花瓶
florero

遙控器
control remoto

地毯
alfombra

窗簾
cortina

餐桌
mesa

椅子
silla

搖椅
mecedora

扶手椅
sillón

書
libro

毯子
frazada

裝飾品
decoración

木柴
leña

電影
película

高傳真音響
equipo de música

鑰匙
llave

報紙
periódico

油畫
pintura

海報
póster

收音機
radio

筆記本
cuaderno

吸塵器
aspiradora

仙人掌
cactus

蠟燭
vela

廚房
cocina

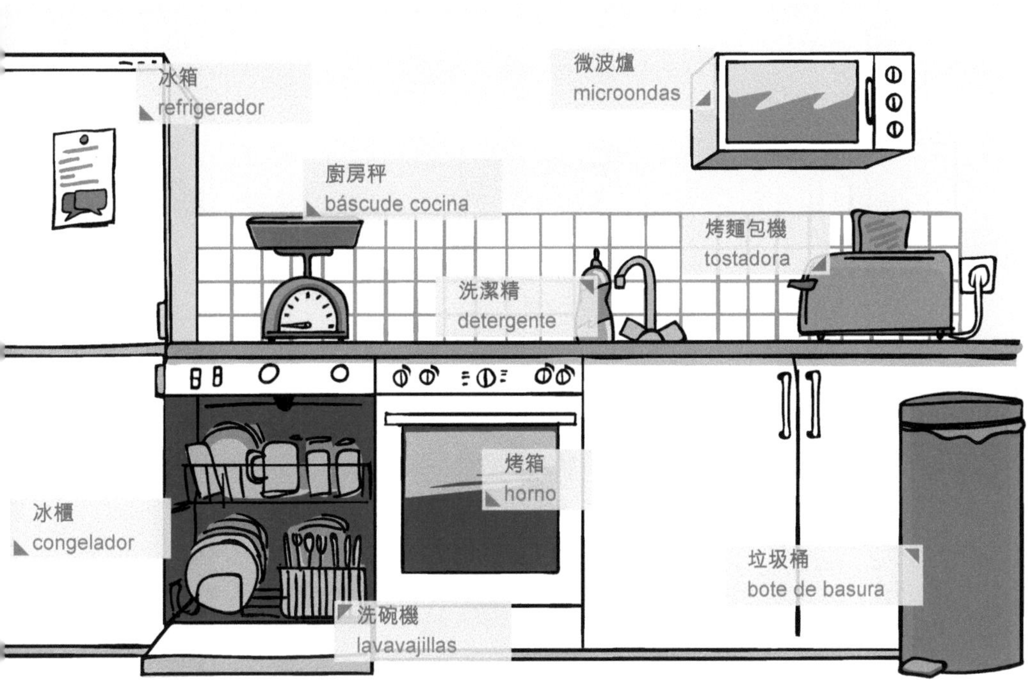
冰箱
refrigerador
微波爐
microondas
廚房秤
báscude cocina
烤麵包機
tostadora
洗潔精
detergente
烤箱
horno
冰櫃
congelador
垃圾桶
bote de basura
洗碗機
lavavajillas

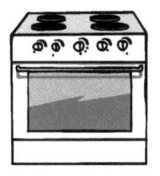

炊具

opresión

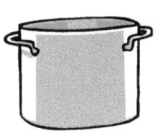

鍋

olla

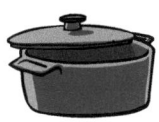

鑄鐵鍋

olde hierro fundido

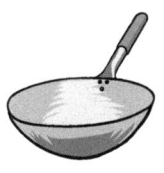

炒鍋

wok

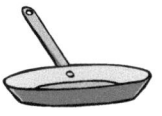

平底鍋

sartén

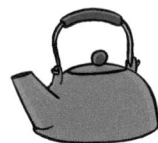

水壺

hervidor

蒸鍋

vaporera

烤盤

charode horno

陶瓷鍋

loza

馬克杯

taza

碗

bol

筷子

palillos

長柄勺

cucharón

鏟子

espátula

攪拌器

batidora

濾網

colador

篩子

colador

磨碎機

rallador

研缽

mortero

燒烤

barbacoa

明火

fogata

菜板

tabpara picar

擀麵杖

rodillo para amasar

開瓶器

sacacorchos

罐子

lata

開罐器

abrelatas

隔熱手套

guante de cocina

水槽

fregadero

刷子

cepillo

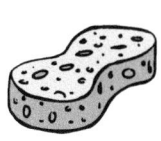

海綿

esponja

攪拌機

batidora

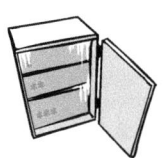

冷藏箱

congelador

奶瓶

biberón

水龍頭

llave

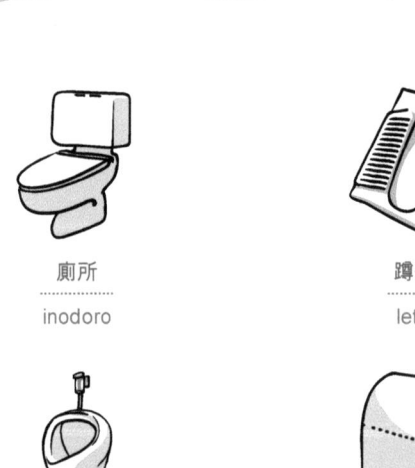

浴室

baño

供暖裝置
calefacción
毛巾
toalla
淋浴
ducha
浴簾
cortina de ducha
泡沫浴
baño de espuma
浴缸
tina
玻璃杯
vaso
洗衣機
lavadora
水龍頭
llave
瓷磚
baldosas
便壺
bacinica
水槽
fregadero

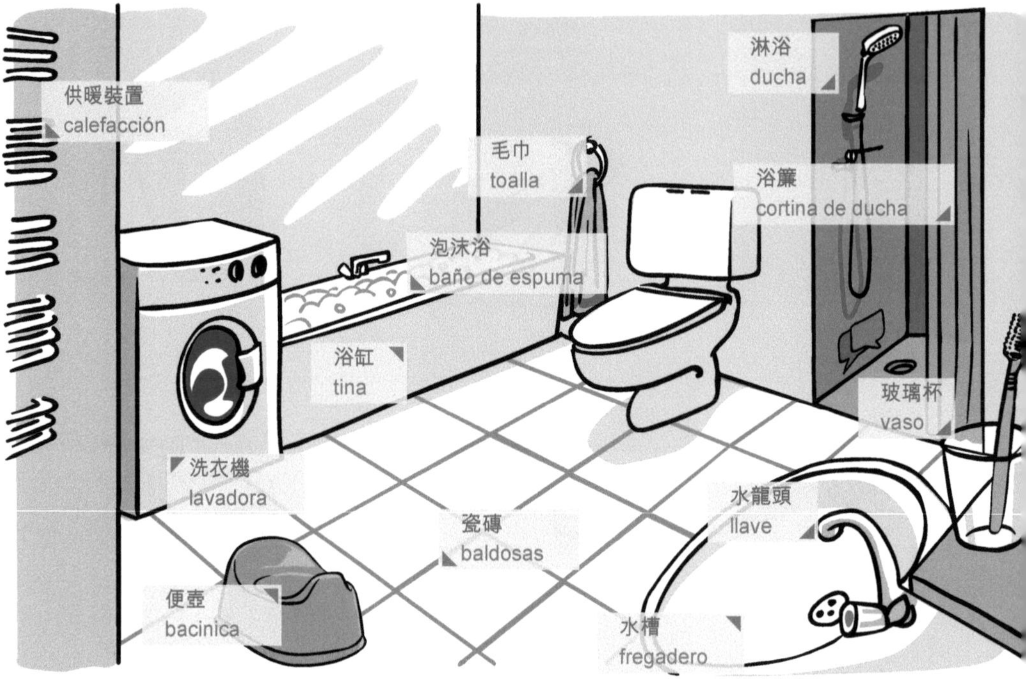

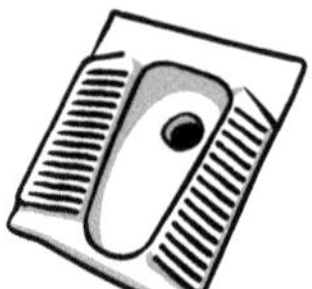

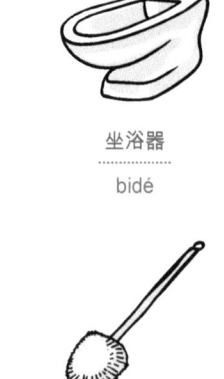

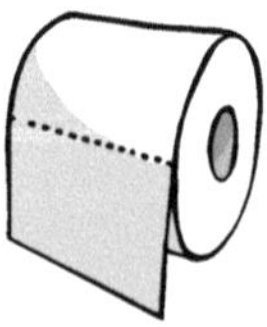

廁所

inodoro

蹲便器

letrina

坐浴器

bidé

小便斗

mingitorio

廁紙

paphigiénico

馬桶刷

cepillo para baño

牙刷

cepillo de dientes

牙膏

pasta dental

牙線

hilo dental

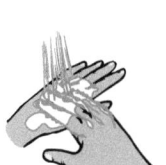

洗

lavar

手持式蓮蓬頭

ducha de mano

沖洗器

ducha vaginal

洗臉盆

fregadero

洗背刷

cepillo de espalda

肥皂

jabón

沐浴露

gde ducha

洗髮乳

champú

法蘭絨

toallita

排水

drenaje

乳霜

crema

除臭劑

desodorante

鏡子

espejo

手鏡

espejo de tocador

刮鬍刀

máquina para afeitar

刮鬍泡沫

espuma de afeitar

鬚後水

loción para después de afeitar

梳子

peine

刷子

cepillo

吹風機

secadora

噴髮定型劑

laca

化妆品

maquillaje

唇膏

lápiz labial

指甲油

esmalte para uñas

化妆棉

algodón

指甲剪

tijeras para uñas

香水

perfume

洗漱包

estuche para cosméticos

凳子

taburete

計重秤

báscula

浴袍

bata

橡膠手套

guantes de goma

衛生棉條

tampón

衛生棉

toalsanitaria

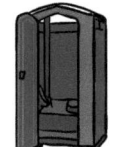

化學廁所

baño móvil

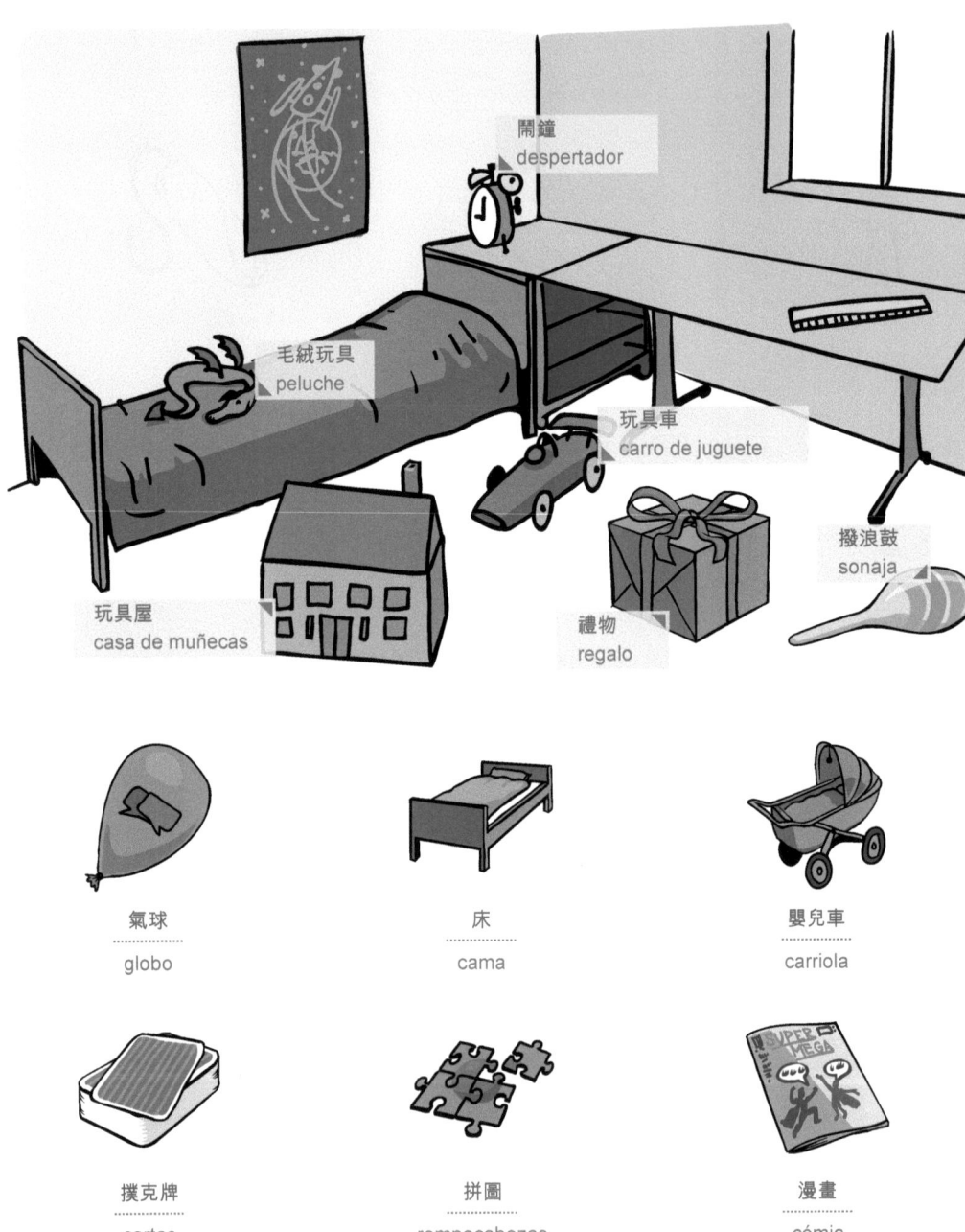

鬧鐘
despertador

毛絨玩具
peluche

玩具車
carro de juguete

撥浪鼓
sonaja

玩具屋
casa de muñecas

禮物
regalo

氣球
globo

床
cama

嬰兒車
carriola

撲克牌
cartas

拼圖
rompecabezas

漫畫
cómic

樂高積木

piezas de lego

積木玩具

bloques para jugar

公仔

figura de acción

嬰兒服

mameluco

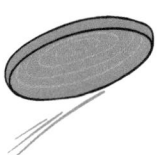

飛盤

frisbee

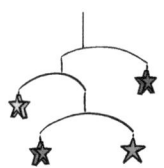

床鈴玩具

móvil para bebés

棋盤遊戲

juego de mesa

骰子

dados

火車模型

tren eléctrico

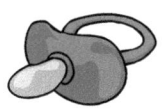

安撫奶嘴

maniquí

派對

fiesta

繪本

álbum de fotos

球

balón

洋娃娃

muñeca

玩

jugar

沙坑

arenero

鞦韆

columpio

玩具

juguetes

電玩遊戲

consode videojuegos

三輪車

triciclo

泰迪熊

oso de peluche

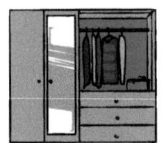

衣櫃

clóset

衣服

ropa

襪子

calcetines

長襪

pantimedias

緊身褲

mallas

圍巾
bufanda

雨傘
paraguas

皮帶
cinto

T恤
playera

運動鞋
tenis

靴子
botas

拖鞋
chanclas

涼鞋
sandalias

鞋
zapatos

雨靴
botas de goma

內褲
ropa interior

胸罩
brasier

背心
chaleco

衣服 - ropa

45

身體

body

褲子

pantalones

牛仔褲

pantalones de mezclilla

短裙

falda

女式襯衫

blusa

襯衫

camisa

套頭衫

suéter

連帽上衣

sudadera

西裝夾克

saco sport

夾克

chamarra

外套

abrigo

雨衣

impermeable

套裝

traje

連衣裙

vestido

婚紗

vestido de novia

西裝

traje

睡袍

camisón

睡衣

pijama

莎麗

sari

頭巾

pañuelo para cabeza

包頭巾

turbante

波卡

burka

卡夫坦

caftán

(阿拉伯式)長袍

abaya

泳衣

traje de baño

男式泳褲

short de baño

短褲

shorts

運動服

pants

圍裙

delantal

手套

guantes

鈕扣
botón

眼鏡
gafas

手鏈
brazalete

項鍊
collar

戒指
anillo

耳環
arete

便帽
gorra

衣架
gancho

帽子
sombrero

領帶
corbata

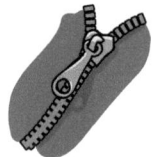

拉鍊
cierre

安全帽
casco

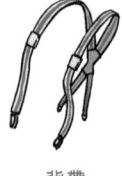

背帶
tirantes

校服
uniforme

制服
uniforme

圍兜

babero

安撫奶嘴

maniquí

尿布

pañal

辦公室
oficina

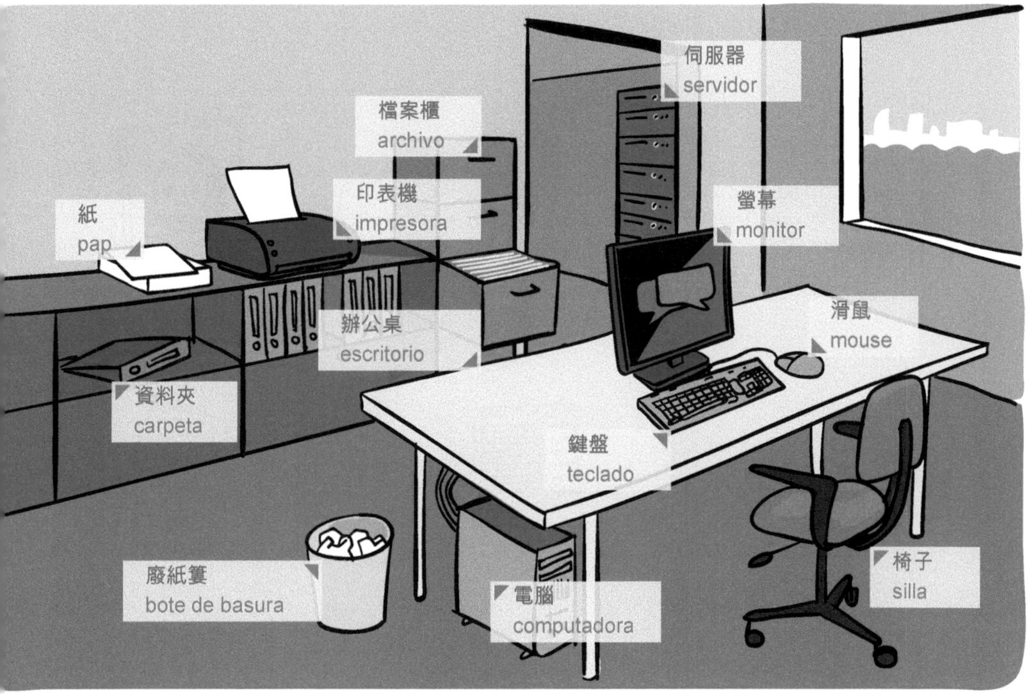

伺服器
servidor

檔案櫃
archivo

印表機
impresora

螢幕
monitor

紙
pap

滑鼠
mouse

辦公桌
escritorio

資料夾
carpeta

鍵盤
teclado

廢紙簍
bote de basura

椅子
silla

電腦
computadora

咖啡杯

taza de café

計算機

calculadora

網際網路

internet

筆記型電腦

notebook

信件

carta

簡訊

mensaje

行動電話

móvil

網路

red

影印機

fotocopiadora

軟體

software

電話

teléfono

插座

tomacorriente

傳真機

fax

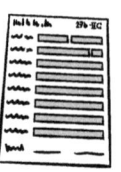

表格

formulario

檔案

documento

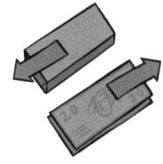

買
comprar

付錢
pagar

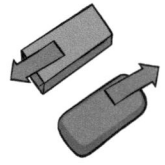

交易
hacer negocios

現金
dinero

美元
dólar

歐元
euro

日元
yen

盧布
rublo

瑞士法郎
franco suizo

人民幣
yuan

盧比
rupia

提款處
cajero automático

外幣兌換處

casa de cambio

金

oro

銀

plata

石油

petróleo

能源

energía

價格

precio

合約

contrato

稅金

impuesto

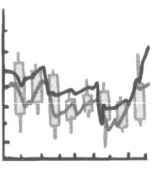

股票

acción

工作

trabajar

職員

empleado

老闆

empleador

工廠

fábrica

商店

tienda

消防員
bombero

警官
policía

園丁
jardinero

廚師
cocinero

醫師
médico

飛行員
piloto

園丁

jardinero

木匠

carpintero

裁縫

costurera

法官

juez

化學家

farmacéutico

演員

actor

公車司機

conductor de autobús

計程車司機

taxista

漁夫

pescador

清洗女工

señora de limpieza

屋頂工

instalador de techos

服務生

camarero

獵人

cazador

畫家

pintor

麵包師

panadero

電工

electricista

建築工人

obrero

工程師

ingeniero

屠夫

carnicero

水管工

plomero

郵差

cartero

士兵

soldado

建築師

arquitecto

收銀員

cajero

花農

florista

理髮師

peluquero

售票員

cobrador

機械技師

mecánico

船長

capitán

牙醫

dentista

科學家

científico

拉比

rabino

伊瑪目

imán

和尚

monje

牧師

sacerdote

工具
herramientas

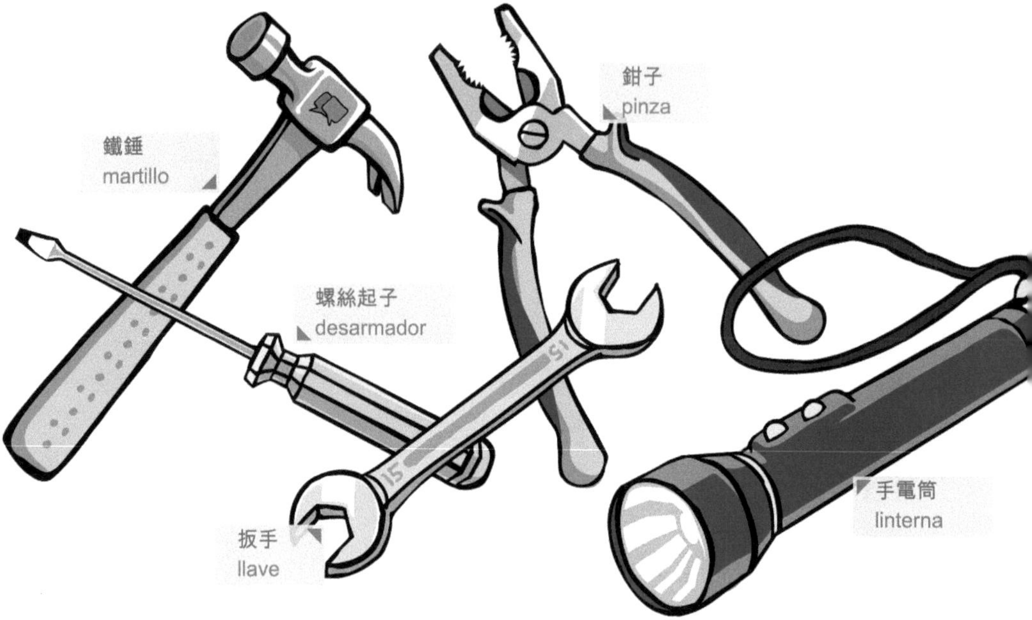
鐵錘
martillo
鉗子
pinza
螺絲起子
desarmador
扳手
llave
手電筒
linterna

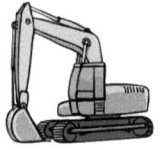

挖掘機

excavadora

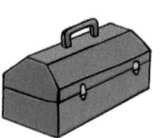

工具箱

caja de herramientas

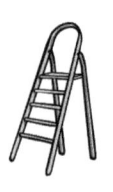

梯子

escalera de mano

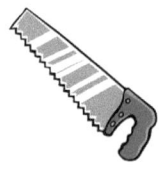

鋸子

sierra

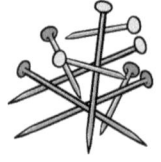

釘子

clavos

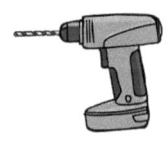

鑽機

taladro

修
reparar

鏟子
pala

糟糕！
¡Maldición!

畚箕
recogedor

油漆桶
bote de pintura

螺絲
tornillos

樂器
instrumentos musicales

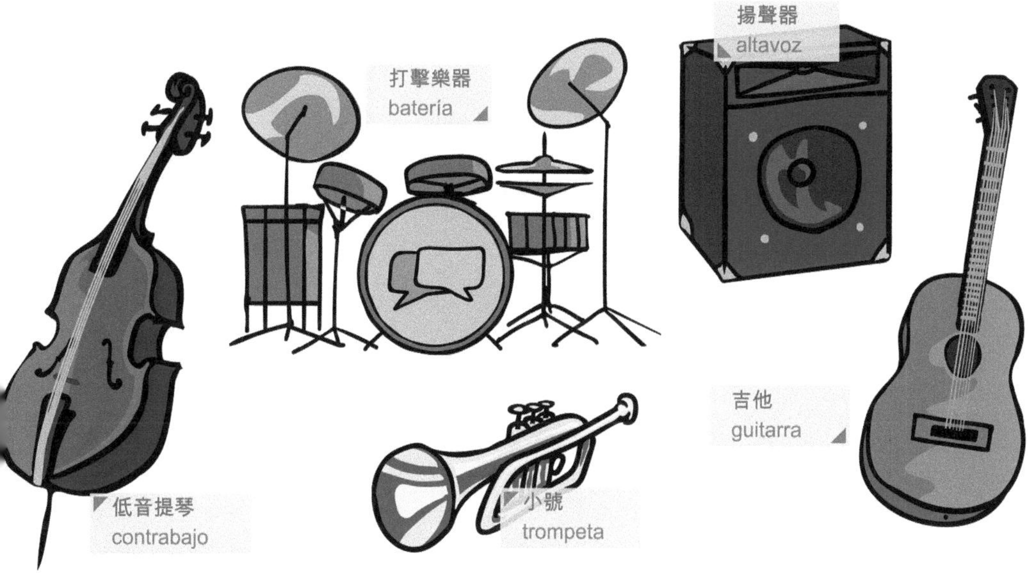

打擊樂器
batería

揚聲器
altavoz

吉他
guitarra

低音提琴
contrabajo

小號
trompeta

鋼琴

piano

小提琴

violín

貝斯

bajo

定音鼓

timbales

鼓

tambor

電子琴

teclado

薩克斯風

saxofón

長笛

flauta

麥克風

micrófono

動物園

zoológico

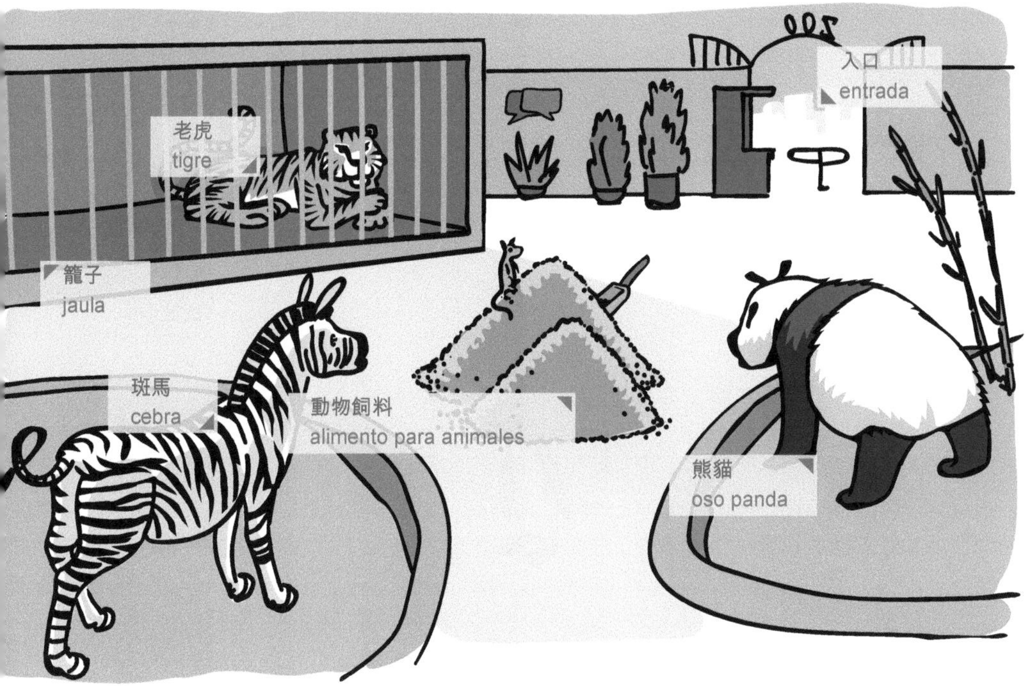

老虎
tigre
入口
entrada
籠子
jaula
斑馬
cebra
動物飼料
alimento para animales
熊貓
oso panda

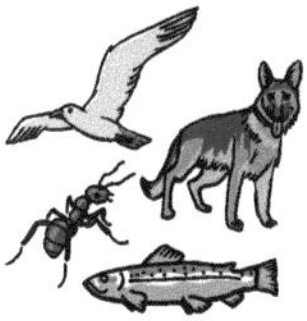
動物
animales

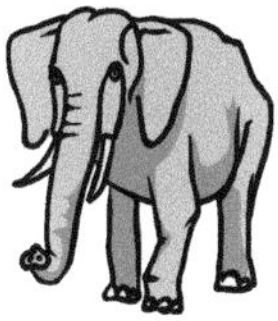
大象
elefante

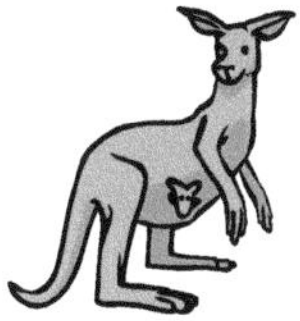
袋鼠
canguro

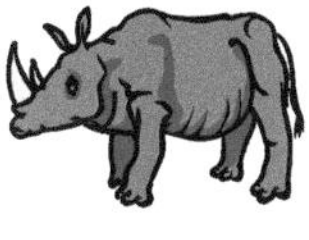
犀牛
rinoceronte

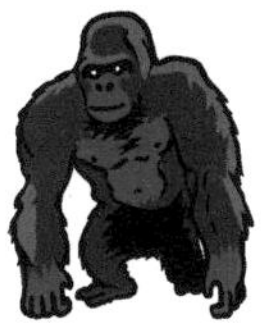
大猩猩
gorila

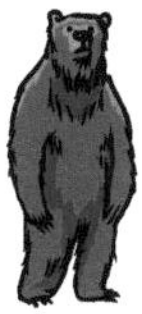
熊
oso

駱駝

camello

鴕鳥

avestruz

獅子

león

猴子

mono

紅鶴

flamenco

鸚鵡

loro

北極熊

oso polar

企鵝

pingüino

鯊魚

tiburón

孔雀

pavo real

蛇

serpiente

鱷魚

cocodrilo

動物園管理員

guardián de zoológico

海豹

foca

美洲豹

jaguar

矮種馬

poni

豹

leopardo

河馬

hipopótamo

長頸鹿

jirafa

老鷹

águila

野豬

jabalí

魚

pescado

龜

tortuga

海象

morsa

狐狸

zorro

羚羊

gacela

橄欖球
fútbol americano

騎腳踏車
ciclismo

網球
tenis

籃球
baloncesto

游泳
natación

拳擊
boxeo

冰球
hockey sobre hielo

美式足球
fútbol

羽毛球
bádminton

田徑
atletismo

手球
handball

滑雪
esquí

馬球
polo

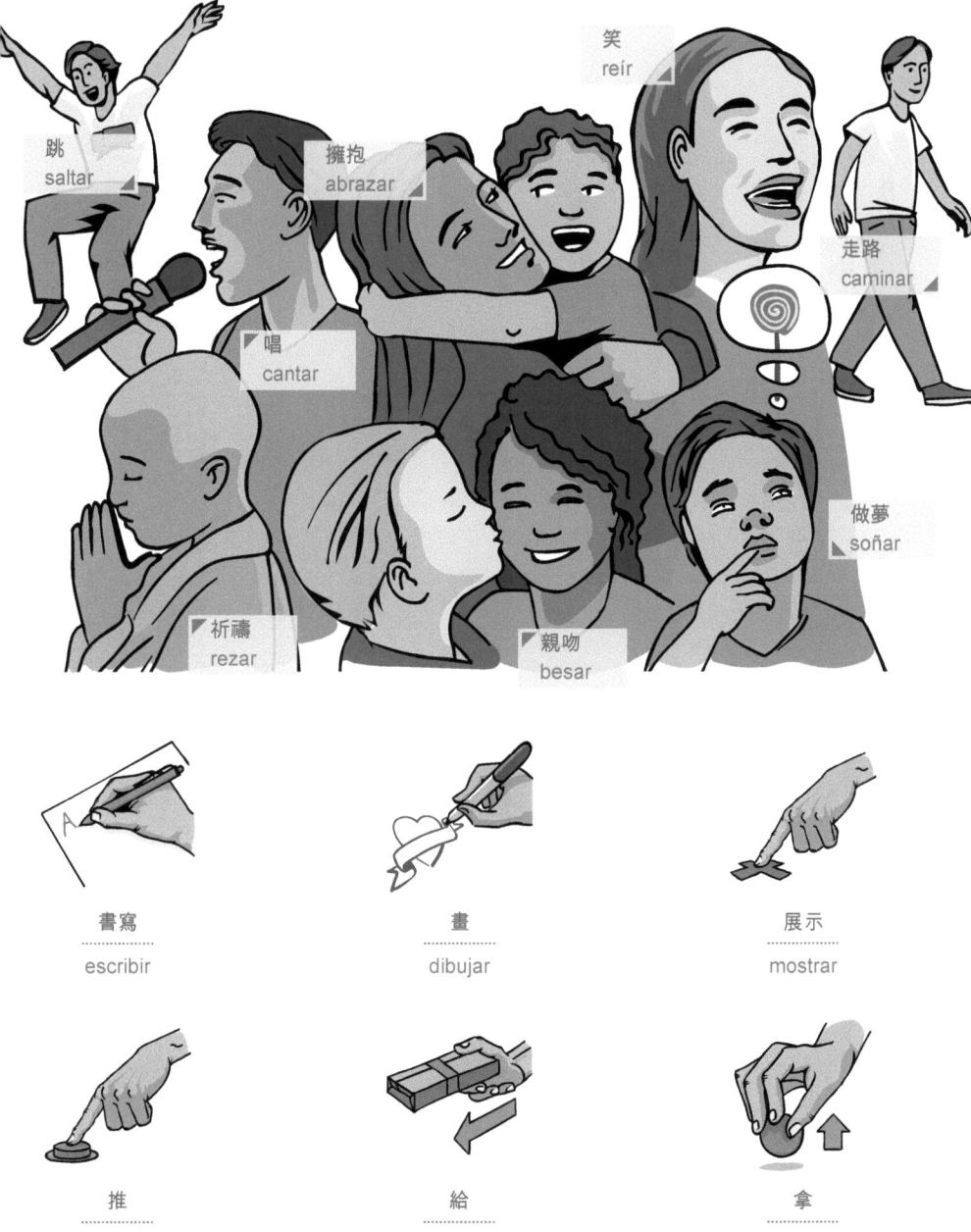

跳
saltar

笑
reír

擁抱
abrazar

走路
caminar

唱
cantar

做夢
soñar

祈禱
rezar

親吻
besar

書寫
escribir

畫
dibujar

展示
mostrar

推
empujar

給
dar

拿
tomar

有
tener

做
hacer

當
ser

站
estar parado

跑
correr

拉
jalar

丟
arrojar

摔倒
caer

躺
estar acostado

等待
esperar

攜帶
llevar

坐
estar sentado

穿衣
vestirse

睡覺
dormir

醒來
despertar

看
mirar

哭
llorar

擊
acariciar

梳頭
peinar

交談
hablar

明白
entender

問
preguntar

聽
escuchar

喝
beber

吃
comer

清理
ordenar

愛
amar

做飯
cocinar

開車
conducir

飛
volar

航行

navegar

計算

calcular

讀

leer

學習

aprender

工作

trabajar

結婚

casarse

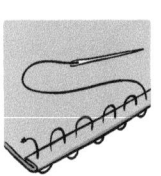

縫

coser

刷牙

cepillarse los dientes

殺

matar

抽菸

fumar

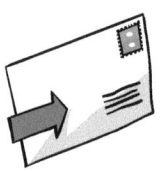

寄

enviar

familia

祖母
abuela

嬰兒
bebé

母親
madre

祖父
abuelo

父親
padre

女兒
hija

兒子
hijo

客人

invitado

阿姨

tía

叔叔

tío

兄弟

hermano

姐妹

hermana

cuerpo

前額
frente

眼睛
ojo

肩膀
hombro

手指
dedo

臉
cara

下巴
barbilla

手
mano

乳房
pecho

腿
pierna

手臂
brazo

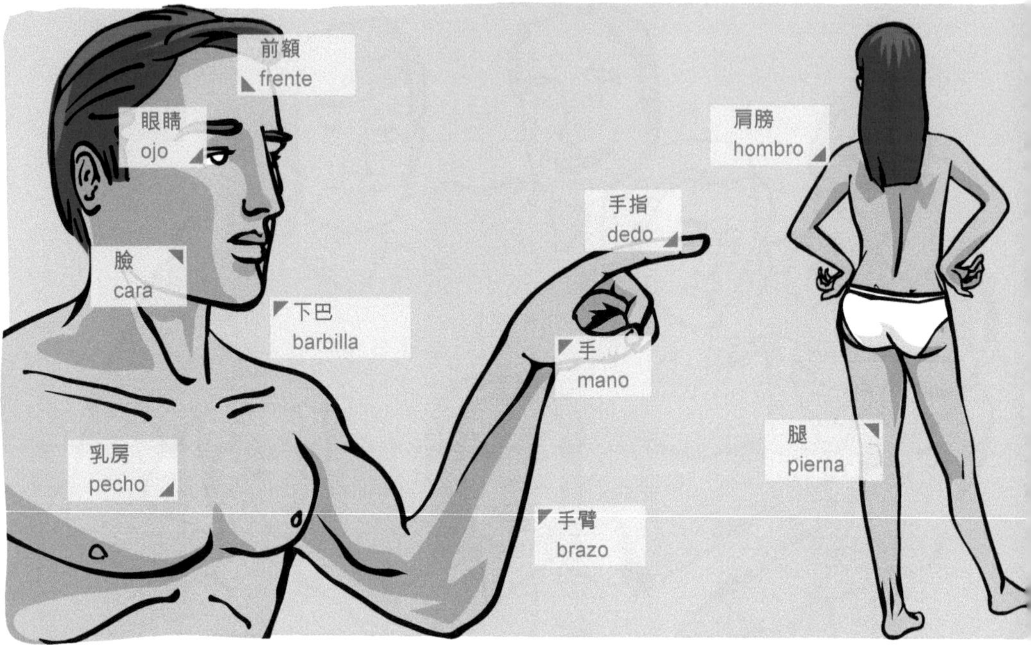

嬰兒
bebé

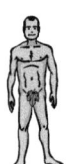

男人
hombre

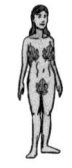

女人
mujer

女孩
niña

男孩
niño

頭
cabeza

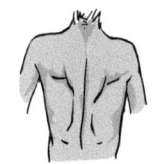

背部

espalda

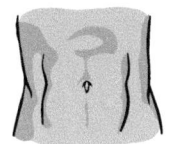

肚子

barriga

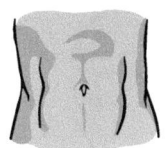

肚臍

ombligo

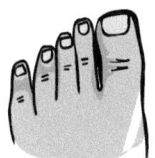

腳趾

dedo dpie

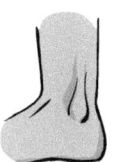

腳後跟

talón

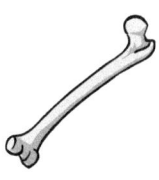

骨頭

hueso

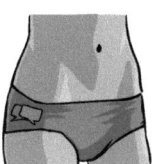

臀部

cadera

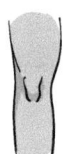

膝蓋

rodilla

手肘

codo

鼻子

nariz

屁股

pompis

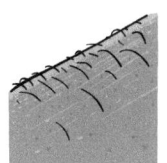

皮膚

piel

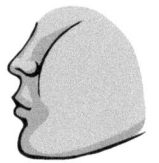

臉頰

mejilla

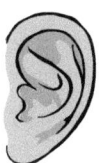

耳朵

oído

嘴唇

labio

嘴

boca

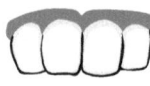

牙齒

diente

舌頭

lengua

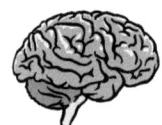

腦

cerebro

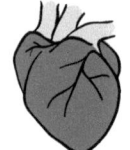

心臟

corazón

肌肉

músculo

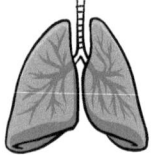

肺

pulmón

肝臟

hígado

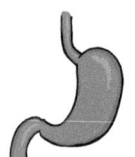

胃

estómago

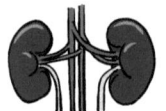

腎臟

riñones

性交

sexo

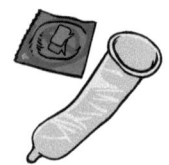

保險套

condón

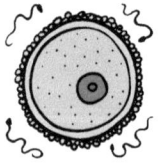

卵子

óvulo

精子

semen

懷孕

embarazo

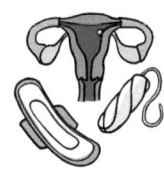

月事

menstruación

陰道

vagina

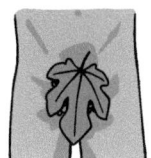

陰莖

pene

眉毛

ceja

頭髮

cabello

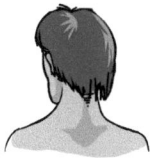

脖子

cuello

醫院
hospital

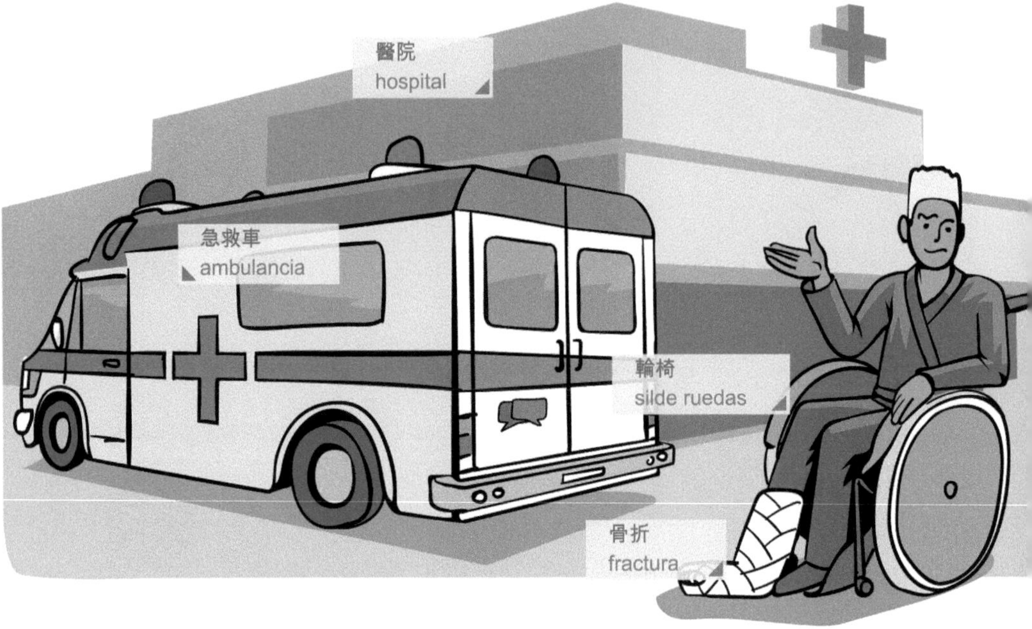

醫院
hospital
急救車
ambulancia
輪椅
silde ruedas
骨折
fractura

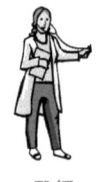

醫師
médico

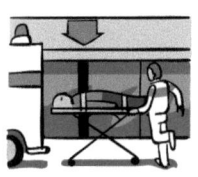

急診室
sade emergencias

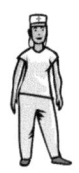

護理師
enfermera

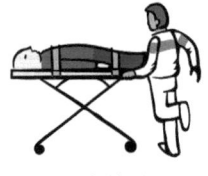

緊急情形
emergencia

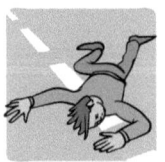

昏迷
inconsciente

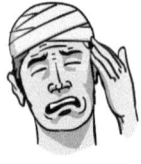

痛
dolor

受傷

lesión

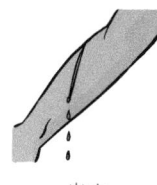

出血

hemorragia

心臟病發作

infarto

中風

accidente cerebrovascular

過敏

alergia

咳嗽

tos

發燒

fiebre

流感

gripa

腹瀉

diarrea

頭痛

dolor de cabeza

癌症

cáncer

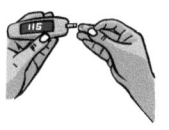

糖尿病

diabetes

外科醫師

cirujano

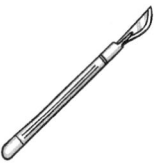

手術刀

bisturí

手術

operación

電腦斷層掃描
TC

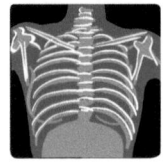

X光
rayos x

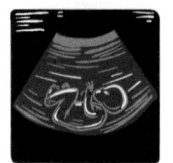

超音波
ultrasonido

口罩
mascarilla

疾病
enfermedad

候診室
sade espera

拐杖
muleta

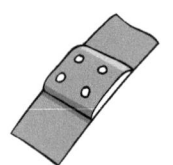

石膏
vendita

繃帶
vendaje

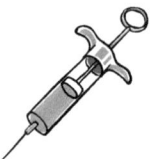

注射
inyección

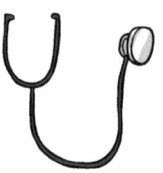

聽診器
estetoscopio

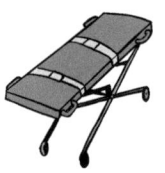

擔架
camilla

體溫計
termómetro

出生
nacimiento

超重
sobrepeso

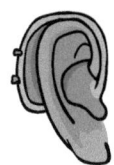

助聽器
audífono

消毒液
desinfectante

感染
infección

病毒
virus

愛滋病
VIH / SIDA

藥物
medicina

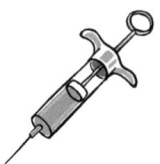

接種疫苗
vacunación

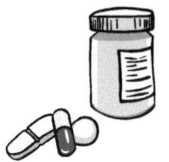

藥片
tabletas

藥丸
pastilanticonceptiva

急救電話
llamada de emergencia

血壓計
medidor de presión

生病/健康
enfermo / sano

救命！

¡Socorro!

突擊

agresión

警報

alarma

攻擊

ataque

危險

peligro

緊急出口

salida de emergencia

失火了！

¡Fuego!

意外

accidente

滅火器

extintor de incendios

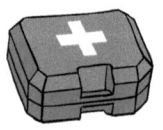

急救箱

botiquín de primeros
auxilios

呼救訊號

SOS

員警

policía

歐洲

Europa

北美洲

Norteamérica

南美洲

Sudamérica

非洲

África

亞洲

Asia

澳洲

Australia

大西洋

Atlántico

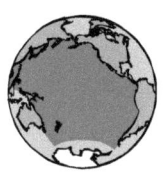

太平洋

Pacífico

印度洋

Océano Índico

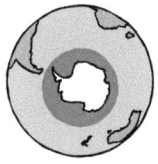

南冰洋

Océano Antártico

北冰洋

Océano Ártico

北極

polo norte

南極

polo sur

南極洲

Antártida

地球

tierra

陸地

tierra

海

mar

島

isla

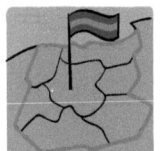

國家

nación

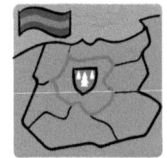

州

estado

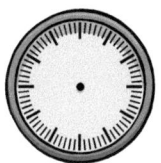

錶盤

esfera

時針

manecilde las horas

分針

minutero

秒針

segundero

現在幾點？

¿Qué hora es?

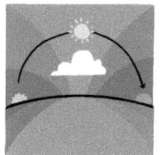

天

día

時間

hora

現在

ahora

電子錶

reloj digital

分

minuto

時

hora

週

semana

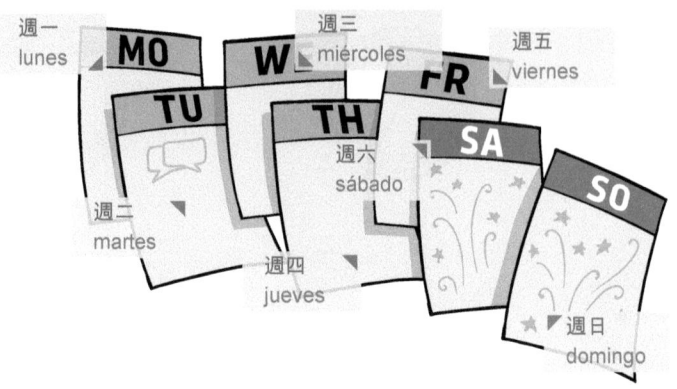

週一 lunes
週二 martes
週三 miércoles
週四 jueves
週五 viernes
週六 sábado
週日 domingo

昨天

ayer

今天

hoy

明天

mañana

早晨

mañana

中午

mediodía

晚上

tarde

工作日

días laborables

週末

fin de semana

年

año

雨
lluvia
彩虹
arco iris
雪
nieve
風
viento
春
primavera
秋
otoño
夏
verano
冬
invierno

4.APRIL 11°
5.APRIL 4°
6.APRIL 13°
7.APRIL 8°
8.APRIL 10°

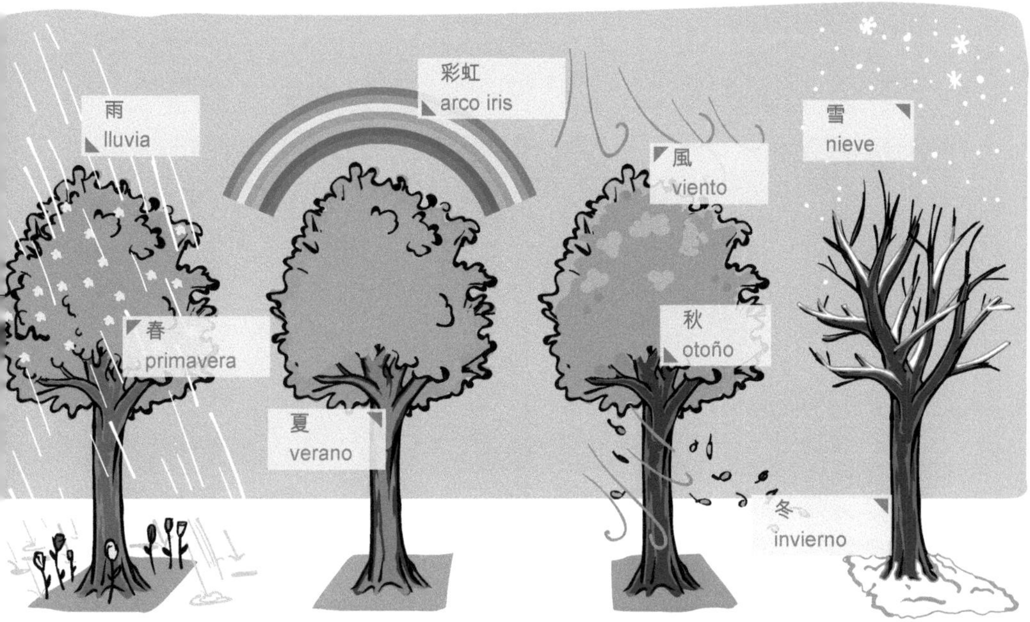

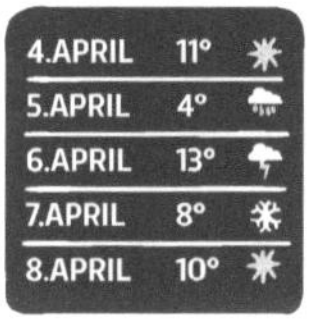

天氣預告

pronóstico dtiempo

F
C
120
90
60
30
0
-30
40
30
20
10
0
-10
-20

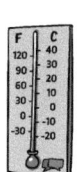

溫度計

termómetro

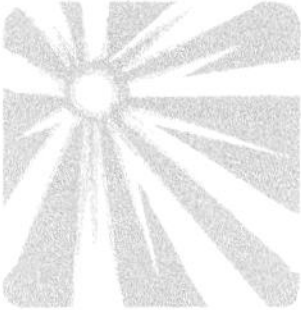

陽光

sol

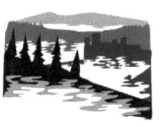

雲

nube

霧

niebla

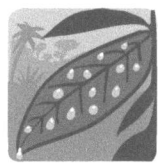

潮濕

humedad

閃電

rayo

打雷

trueno

風暴

tormenta

冰雹

granizo

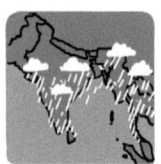

季風

monzón

洪水

inundación

冰

hielo

一月

enero

二月

febrero

三月

marzo

四月

abril

五月

mayo

六月

junio

七月

julio

八月

agosto

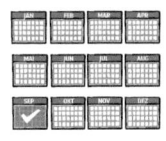

九月

septiembre

十月

octubre

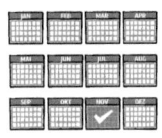

十一月

noviembre

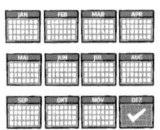

十二月

diciembre

formas

圓形

círculo

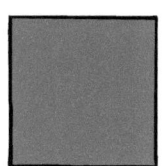

正方形

cuadrado

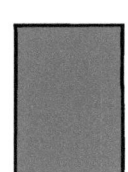

長方形

rectángulo

三角形

triángulo

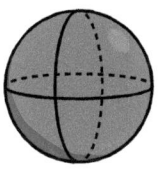

球體

esfera

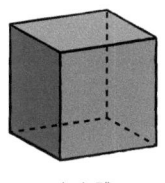

立方體

cubo

colores

白
....
blanco

黃
....
amarillo

橙
....
naranja

粉
....
rosa

紅
....
rojo

紫
....
morado

藍
....
azul

綠
....
verde

棕
....
marrón

灰
....
gris

黑
....
negro

很多/少許

mucho / poco

生氣/平靜

enojado / tranquilo

美/醜

bonito / feo

首/尾

principio / fin

大/小

grande / pequeño

明/暗

claro / oscuro

兄弟/姐妹

hermano / hermana

乾淨/骯髒

limpio / sucio

完整/缺失

completo / incompleto

白天/晚上

día / noche

死/生

muerto / vivo

寬/窄

ancho / angosto

可食用/非食用

comestible / no comestible

邪惡/善良

malo / amable

興奮/無聊

entusiasmado / aburrido

胖/瘦

gordo / delgado

第一/最後

primero / último

朋友/敵人

amigo / enemigo

滿/空

lleno / vacío

硬/軟

duro / blando

重/輕

pesado / ligero

餓/渴

hambre / sed

生病/健康

enfermo / sano

非法/合法

ilegal / legal

聰明/愚笨

inteligente / tonto

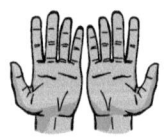

左/右

izquierda / derecha

近/遠

cerca / lejos

新/舊

nuevo / usado

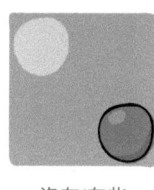

沒有/有些

nada / algo

老/幼

viejo / joven

開/關

encendido / apagado

打開/闔上

abierto / cerrado

安靜/吵鬧

silencioso / ruidoso

富/窮

rico / pobre

對/錯

correcto / incorrecto

粗糙/光滑

áspero / suave

傷心/高興

triste / contento

短/長

corto / largo

慢/快

lento / rápido

濕/乾

húmedo / seco

溫暖/涼爽

caliente / frío

戰爭/和平

guerra / paz

0

零

cero

1

一

uno

2

二

dos

3

三

tres

4

四

cuatro

5

五

cinco

6

六

seis

7

七

siete

8

八

ocho

9

九

nueve

10

十

diez

11

十一

once

12
十二
doce

13
十三
trece

14
十四
catorce

15
十五
quince

16
十六
dieciséis

17
十七
diecisiete

18
十八
dieciocho

19
十九
diecinueve

20
二十
veinte

100
百
cien

1.000
千
mil

1.000.000
百萬
millón

語言

idiomas

英語
inglés

美式英語
inglés americano

普通話
chino mandarín

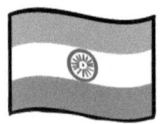

印地語
hindi

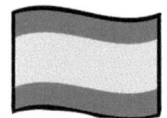

西班牙語
español

法語
francés

阿拉伯語
árabe

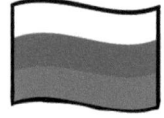

俄語
ruso

葡萄牙語
portugués

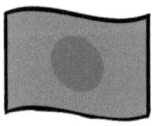

孟加拉語
bengalí

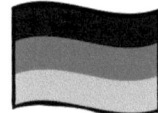

德語
alemán

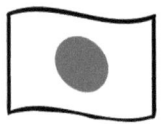

日語
japonés

我

yo

你

tú

他/她/它

él / ella

我們

nosotros

你們

vosotros

他們

ellos

誰？

¿quién?

什麼？

¿qué?

如何？

¿cómo?

何處？

¿dónde?

何時？

¿cuándo?

名字

nombre

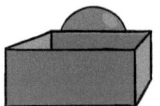

後面

detrás

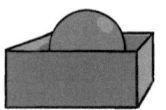

裡面

en

前面

delante de

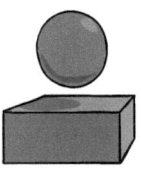

上方

por encima de

上面

sobre

下麵

debajo de

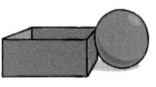

旁邊

junto a

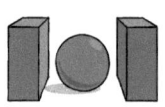

中間

entre

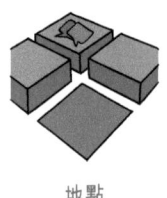

地點

lugar